세상에서
가장 빛나는 이름,
어린이

처음부터 제대로 배우는 한국사 그림책 23

세상에서 가장 빛나는 이름, 어린이_〈어린이〉 잡지가 들려주는 어린이날 이야기

초판 1쇄 인쇄 2024년 4월 23일
초판 1쇄 발행 2024년 5월 3일

글 안미란
그림 양은아

펴낸곳 도서출판 개암나무(주)
펴낸이 김보경
경영관리 총괄 김수현   **경영관리** 배정은 조영재
편집 조원선 김소희   **디자인** 이은주   **마케팅** 이기성
출판등록 2006년 6월 16일   제22-2944호

주소 서울특별시 용산구 한남대로40길 19, 4층(한남동, JD빌딩) (우)04417
전화 (02)6254-0601, 6207-0603   **팩스** (02)6254-0602   **E-mail** gaeam@gaeamnamu.co.kr
개암나무 블로그 http://blog.naver.com/gaeamnamu   **개암나무 카페** http://cafe.naver.com/gaeam

© 안미란, 양은아, 2024
이 책의 저작권은 저자에게 있습니다. 저자와 출판사의 허락 없이 내용의 일부를 인용하거나 발췌하는 것을 금합니다.

ISBN 978-89-6830-813-0 74900
ISBN 978-89-6830-122-3 (세트)

품명 아동 도서 | **제조년월** 2024년 5월 3일 | **사용연령** 10세 이상
제조자명 개암나무(주) | **제조국명** 대한민국 | **전화번호** 02-6254-0601
주소 서울특별시 용산구 한남대로40길 19, 4층(한남동, JD빌딩)

〈어린이〉 잡지가 들려주는
어린이날 이야기

세상에서 가장 빛나는 이름, 어린이

안미란 글 양은아 그림

개암나무

아아 거룩한 기념의 날 어린이날! 새싹이 돋기 시작한 날이 이날이요,
성명도 없던 조선의 어린이들이 새로운 생명을 얻은 날이 이날입니다.
엄동은 지나갔습니다. 적설은 녹아 없어졌습니다. 세상은 오월의 새봄이 되었습니다.
눌리는 사람의 발밑에서 또 한 겹 눌려 온 조선의 어린 민중들이여!
다 같이 나아 와 이날을 기념합시다.
그리하여 다 같이 손목 잡고 오월의 새잎같이 뻗어 나갑시다.
조선의 희망은 우리의 씩씩히 커 가는 데에 있을 뿐입니다.

− 방정환, 「전 조선 어린이에게」, 〈어린이〉 1926년 5월호

야호! 오늘은 어린이날이야.
내 이름도 〈어린이〉,
100여 년 전에 만들어진 잡지란다.
내가 있는 국립한글박물관 옆 공원은
아침부터 신나는 볼거리, 즐길 거리로 북적북적
그리고 선물까지 한가득!
모두가 어린이를 축복하는 멋진 날이야.
그런데 이렇게 기쁜 날은 어떻게 생겨났을까?
옛날 옛날 맨 처음 어린이날에는 무얼 했을까?

그때는 '어린이'라는 말을 거의 쓰지 않았어.
애놈, 아이, 딸년, 아들놈, 이 자식…….
함부로 불러 댔지.
어리다고 낮은 사람이 아닌데,
아직 덜 자랐다고 어리석고 말썽이나 부리는
골칫덩이로 취급한 거야.

저것 봐,

겨우 아홉 살인 끝순이가 야단맞고 있어.

끝순이 엄마가 부지깽이*를 들고 소리쳐.

금방이라도 때릴 참이야.

"물동이에 물 채우랬지, 누가 그걸 깨라고 했냐?"

끝순이 아버지가 지게를 내려놓으며 혀를 끌끌 찼지.

"딸년이 어리바리해서…… 언제 커서 밥 짓고 빨래하려나."

담 너머 옆집 아저씨도 한마디 해.

"내 아들놈도 마찬가지라네. 일이나 거들 것이지

어딜 싸돌아다니는지."

어른들이 아이들을 사랑하지 않은 건 아니야.

하지만 한몫의 사람 노릇을 못 한다고 여겼지.

제대로 된 어른으로 키우려면

윽박지르고 벌주고 때려서 가르쳐야 한다고 생각했어.

부지깽이 아궁이 따위에 불을 땔 때 불을 헤치거나 끌어내는 데 쓰는 가느스름한 막대기.

끝순이가 뒤꼍에서 혼자 훌쩍거리는데,
이웃집 오빠가 슬그머니 다가왔어.
오빠는 허리춤에서 나, 〈어린이〉 잡지를 꺼냈지.
"너, 이런 거 본 적 있냐?
내 친구가 경성에서 사 왔는데, 재미난 이야기가 많아서 빌렸지."
끝순이는 옛날이야기라면 자다가도 벌떡 일어나.
끝순이 눈이 동그래졌어.
"오빠, 글 읽을 줄 알아? 학교에도 못 다녔잖아."

그 시절 길 가는 사람 중 열에 아홉은
글자를 하나도 몰랐어.
한문으로 쓴 책만 수두룩했고,
출세하려면 일본 말을 배워야 한다나.
그런데 나, 〈어린이〉 잡지는 순 한글만 썼다는 말씀!
왜냐고? 어린이가 읽기 쉬우라고 그런 거야.

"어, 린, 이!"
오빠가 손가락으로 표지의 글자를 하나하나 짚으며 읽었어.
"젊은이, 늙은이 할 때처럼 나이 어린 사람을 가리킬 때 쓰는 말이래."
끝순이는 글을 모르지만, 세 글자를 오래도록 바라봤지.
'어린이……'
귀하고 소중한 사람으로 대접받는 기분이 들었어.

오빠는 〈어린이〉 잡지에 실린 동화 '성냥팔이 소녀'를 읽어 줬어.
끝순이가 태어나 처음으로 만나는 다른 나라 동화였어.
"무섭게도 추운 밤이었습니다. …… 일 년에도 맨 끝 섣달그믐날이었습니다.
…… 김이 무럭무럭 나게 통으로 그냥 구워 놓은 꿩이 놓여 있었습니다."
원래 이야기는 서양 사람들이 칠면조 고기를 먹는
크리스마스 전날 밤의 일이야.

하지만 그 시대 어린이들이 다른 나라 풍습을 알 리가 없었지.

그래서 이야기를 고치고 다듬어 잡지에 실었어.

이야기를 다 들은 끝순이가 울음을 그쳤냐고?

아니, 그만 더 펑펑 울고 말았어.

그날 밤 이불 속에서도 몰래 울었는걸.

하지만 야단맞아 울 때와 다르게, 가슴이 따뜻해지고

시원한 기분이 들었어.

마치 성냥팔이 소녀와 동무가 된 것처럼.

나를 만든 사람은 방정환과 그의 동지들,
그러니까 큰 뜻을 품고 함께 행동하는 사람들이었어.
방정환은 어린 시절에 못 말리는 개구쟁이였대.
아홉 살 무렵, 집안이 가난해져서 배를 곯기도 했지만
늘 책을 가까이했어.
평생 어린이의 인권을 위해 애쓴 그는
병을 얻어 하늘나라로 가게 되었을 때도
"어린이를 잘 부탁한다"라는 유언을 남겼어.
그의 호 '소파'는 작은 물결이라는 뜻이지만,
거대한 파도가 되어 어린 사람에 대한 생각을 바꿨지.

호 본이름 외에, 허물없이 쓰기 위하여 지은 이름.

방정환이 살던 시대는 일본이 우리 겨레의 권리를 빼앗고 강제로 나라를 차지했던 때야.
1919년 3월, 우리 민족은 "대한 독립 만세"를 외치며 들고일어났어.
그러다 많은 사람이 목숨을 잃고 감옥에 끌려갔단다.

방정환은 민족의 힘을 키우려면 어떻게 해야 하나 고민했어.
"옛날부터 하던 대로 어린 사람을 차별해서는
새 세상을 열 수 없어."
그래서 어린 사람을 '어린이'라 부르고,
어린이의 권리를 알리는 '어린이날'을 만들고,
이런 생각을 퍼뜨릴 잡지 〈어린이〉를 펴냈지.

그는 아파하고 슬퍼하는 어린이에게 사랑의 선물을 주고 싶었대.
〈어린이〉 창간호에서 이렇게 말했지.
"한 겹 더 눌리고 있는 어린이에게는
수신담이나 교훈보다 재미난 것만 주고 싶다."
한 겹 더 눌려 있다는 게 무슨 뜻일까?
어린이는 나라 잃은 설움을 겪으며 짓밟히다,
같은 상황에 억눌린 어른에게 어리다고 무시당하기까지 하니까,
한 겹 더 눌린 거지. 그런 어린이에게 잔소리나 가르침이 아니라
읽을거리와 놀 거리가 필요하다는 거야.

독립운동가 방정환은 재주 많은 이야기꾼이기도 했어.
옛이야기와 동화를 어찌나 구수하고 재미나게 들려주는지,
누구라도 빠져들었거든.
아니나 다를까, 끝순이 엄마도 일찌감치 밭일을 끝내고
방정환의 동화 구연회에 갈 채비를 하네.
끝순이는 행여나 자기를 떼 놓고 갈까 봐
눈치 빠르게 마루도 닦고, 닭장 문도 확인하고,
아궁이 재도 잘 덮었어.

날이 어둑했지만 천막 안은 환해.

중절모를 쓴 방정환이 잘난 척하는 훈장님 목소리를 흉내 냈어.

"어허, 이것이 말이오, 백어라는 물고기인데……."

자기처럼 양초를 처음 본 사람들 앞에서 아는 척하는 장면이야.

세상에, 양초를 말린 생선이라고 하다니.

끝순이는 배꼽이 빠져라 웃었어.

'훈장 어른에게 어린아이와 똑같은 마음이 숨어 있잖아!'

여름밤 휘영청 밝은 달도 방정환의 이야기에 귀를 기울여.

끝순이는 장딴지에 모기가 앉았지만 신경 쓸 겨를이 없어.

아까부터 오줌이 마려웠지만, 억지로 참았지.

이야기를 한 자락이라도 놓칠까 봐.

그런데 방정환이 힘주어 이런 말을 하네.
"어른이 뿌리라면 어린이는 싹입니다. 뿌리가 근본이라고
위에 올라앉아서 싹을 누르면 그 나무는 죽어 버립니다.
뿌리가 그 싹을 위해야 그 나무가 뻗쳐 나갈 것입니다.
어린이를 높게 대접해 주시오."
끝순이는 가슴이 두근댔어.
나뭇가지의 가장 어리고 가느다란 끝, 이제 막 돋아나는 새순,
여린 새싹이 중요하다는 뜻이잖아.
딸은 아들보다 못하다고, 이제 딸은 끝이라고
아무렇게나 지은 이름 끝순이.
그런데 이제 다르게 들리는 거야!
'이제부터 내 이름 끝순이를 새순이라는 뜻으로 알래.'

"오빠, 나도 따라가면 안 돼?"

끝순이가 물었어.

"당연히 괜찮지. 너도 어린이잖아."

동네 언니 오빠들은 언덕 위 소나무 아래에 모여서 〈어린이〉를 읽곤 해.

그런데 얼마 전부터는 깃발을 만들고 있어.

무슨 깃발이냐고? 바로 어린이날을 알리는 깃발이야.

끝순이는 언니들이 바느질한 깃발을 차곡차곡 정리했어.

손끝이 괜히 떨려 왔지.

누군가 말했어.

"'어린이 해방 선언문'이 더 필요해."

몇 명이 〈어린이〉를 만드는 개벽사로 직접 가 보겠대.

끝순이도 가고 싶었지만 따라가겠다고 떼를 쓰진 않았어.

반나절이나 걸어가서 전차까지 타야 한대잖아.

5월, 어린이날을 앞두고 개벽사 사무실에는

편지며 전보, 전화가 쏟아진대.

자기 동네에서도 어린이날 행진을 할 테니까

'어린이 해방 선언문'을 더 보내 달라고 말이야.

끝순이는 언니 오빠들이 읽어 주는 선언문에 귀를 기울였어.

"소년 운동의 기초 조건,

하나, 어린이를 재래*의 윤리적 압박으로부터 해방하여

그들에게 완전한 인격적 예우를 허하게 하라."

어려운 말이지만 어린이를 함부로 대하지 말라는 뜻이 분명해.

"어른에게 드리는 글,

하나, 어린이를 내려다보지 마시고 치어다보아 주시오."

치어다보는 건 올려 본다는 말이잖아?

무시하거나 얕보지 말라는 거지.

어린이날이 되면 개성, 진주, 김해, 대전, 창녕, 공주……

전국 곳곳에서 같은 시간에 같은 방법으로

이 선언을 외치고 거리를 행진할 거야.

재래 예전부터 있어 전하여 내려옴.

5월, 어린이날!

끝순이는 부모님께 그럴듯하게 둘러댔어.

"방정환 선생이 사탕이랑 선물을 준다나 봐요.

재미난 이야기 대회도 열리고, 합창도 하고…….

언니들 손 꼭 잡고 갔다 올게요."

어린이날 기념행사가 열리는 곳에 사람들이 잔뜩 모였어.

나팔이며 북소리, 하늘에 고무풍선까지. 그야말로 멋졌지.

드디어 어린이날 행진이 시작되었어.

끝순이는 태어나서 한 번도 줄지어 걸어 본 적이 없어.

게다가 이렇게 큰길에, 이렇게나 사람이 많은 데서는 더더욱 말이야.

끝순이는 앞줄에 서서 깃발을 들었어.

'가슴이 막 두근대!'

언니 오빠들이 끝순이를 뒤따랐어.

그들은 사람들에게 '어린이 해방 선언문'을 나눠 주었어.

"오늘이 어린이날, 희망의 새 명절.

우리들의 희망은 오직 한 가지, 어린이를 잘 키우는 데 있습니다."

"어린이 만세!"

행렬을 이끌던 소년이 만세를 외치자, 끝순이도 따라 외쳤어.

그런데 도포를 갖춰 입은 어떤 할아버지가

놀라서 뒤로 넘어지려는 거야.

"마, 만세라니……. 겁도 없이. 아이고 무서워라."

할아버지는 허둥지둥 도망가고 말았어.

어떤 어른이 걱정스럽다는 듯 말했어.

"어린 놈들이 일본 무서운 줄을 모르는구나.

만세에 '만' 자도 꺼내지 마라. 그러다 감옥에라도 끌려가면……."

맨발에 다 해진 옷을 겨우 걸친 거지 아이 떼도 행렬을 따라왔어.
그들 중 하나가 끝순이의 깃발을 낚아챘어.
"오호, 이거 나한테나 주라. 코 닦고 똥 닦게. 크크크."
끝순이는 너무 놀랐어. 그런데 뒤따르던 한 오빠가
그 거지 어린이 앞에 딱 서더니 '어린이 해방 선언문'을 내밀었어.

"어린 동무들에게 주는 글이오."
'어린이 해방 선언문'은 소년 운동의 기초 조건, 어른에게 드리는 글, 어린 동무들에게, 실행 다짐까지. 여러 말이 있었어.
"흥, 이걸 나더러 어쩌라고."
거지 어린이가 종이를 버리려고 했지.

어린 동무들에게

하나. 돋는 해와 지는 해를 반드시 보기로 합시다.
하나. 어른에게는 물론이고 당신들끼리도 서로 존대하기로 합시다.
하나. 뒷간이나 담벽에 글씨를 쓰거나 그림 같은 것을 버리지 말기로 합시다.
하나. 길가에서 떼를 지어 놀거나 유리 같은 것을 버리지 말기로 합시다.
하나. 꽃이나 풀을 꺾지 말고 동물을 사랑하기로 합시다.
하나. 전차나 기차에서는 어른들에게 자리를 사양하기로 합시다.
하나. 입을 꼭 물고 몸을 바르게 가지기로 합시다.

끝순이는 떨리는 목소리로 말했어.

"뜨는 해와 지는 해를…… 보기로 합시다."

완전하게 읽지는 못해도 내용을 다 외웠거든.

멈칫하던 그 아이는 끝순이에게 깃발을 돌려주었어.

그러고는 행렬을 따라오기 시작했어.

나중엔 마구마구 환호성을 지르면서 말이야.

그날 밤, 끝순이는 호되게 꾸중을 들었어.
일찍 와서 집안일을 거들어야 하는데 늦게까지 놀다 왔다고 말이야.
하지만 끝순이는 울지 않았어. 오히려 가슴이 벅찼지.
'지금 내가 자랑스러워!'

어느 날, 끝순이는 부모님끼리 하는 이야기를 들었어.
감나무 집 오빠가 학교에서 쫓겨났대.
"아, 글쎄 하라는 공부는 안 하고 소년회라나 뭐라나,
이상한 모임을 만들어서 몰려다녔대요.
일본 선생 눈 밖에 났으니, 이제 큰일 난 게야."

끝순이는 부리나케 소나무 언덕으로 달려갔어.

오빠들은 보이지 않고, 동네 언니 둘만 있었어.

"어른들이 무얼 하냐고 묻거든,

그냥 나물 캔다고 말하렴."

끝순이가 상황을 궁금해하자 한 언니가 속삭였어.

"방정환 선생이 서대문형무소에 갇혔대."

끝순이는 눈앞이 아득해졌지.

끝순이가 주먹을 불끈 쥐었어.

추운 겨울 언 땅을 뚫고 올라오는 새싹처럼 여리지만 힘찬 손이야.

"언니들, 우리 같이 노래 불러요."

세 어린이는 소리를 모으고 마음을 모았어.

"나의 살던 고향은 꽃피는 산골
복숭아꽃 살구꽃 아기 진달래."
끝순이는 멀리까지 노래가 닿을 거라고 믿었어.
감옥 안의 누군가에게도. 쫓겨난 누군가에게도.

끝순이가 부르는 노래는 지금 우리에게도 들려.
어떤 사람은 말해. 요즘 어린이는 고생을 모른다고.
오냐오냐 떠받들고 원하는 걸 다 주었더니
제멋대로인 왕이 되어 버렸다고.
날마다 선물 받고 날마다 배부른데
어린이날 따위가 왜 필요하냐고 말이야.
그런데 어린이날은 선물 받고 노는 날이 아니잖아?
지금도 아파하고 슬퍼하는 어린이가 있어서,
어린이가 정말로 존중받는 세상을 아직 꿈꾸어야 하기에,
어린이날이 있는 거지.

끝순이가 살던 시절에서 시간이 꽤 흘렀지만
세상은 아직도 불안하고 위험해.
전쟁터 한가운데에 있는 어린이,
굶주리고 아파하는 어린이, 학교 대신 공장에 가는 어린이,
기후 변화로 인해 삶을 위협받는 어린이,
놀이터는 많은데 놀 시간이 없는 어린이······.

1924년 국제연맹회의의 '어린이 권리에 관한 제네바 선언'을 시작으로
지금의 '유엔 어린이 권리 협약'에 이르기까지.
세계 시민이 힘을 모아 어린이가 자유롭게 놀고 배우며
자랄 권리를 지키려고 해.
'유엔 어린이 권리 협약'은 태어나서 열여덟 번째 생일이 안 지난
어린 사람이라면 누구라도 마땅히 생존, 보호, 발달, 참여의 권리를
누려야 한다는 약속이야.

한 사람으로서 오롯이 대접받게 하고,
왜 어린이 인권을 존중해야 하는지 알게 하고,
짓밟히고 학대받던 이 땅의 어린이를 위로해 주려고
'어린이'라는 말을 퍼뜨리고, '어린이날'을 만들고,
〈어린이〉 잡지를 펴낸 방정환의 뜻을 기억하렴.

어, 린, 이!
미래의 주인공이 아니라,
지금 여기에서 행복할 권리가 있는 너와 나,
우리가 어린이야!

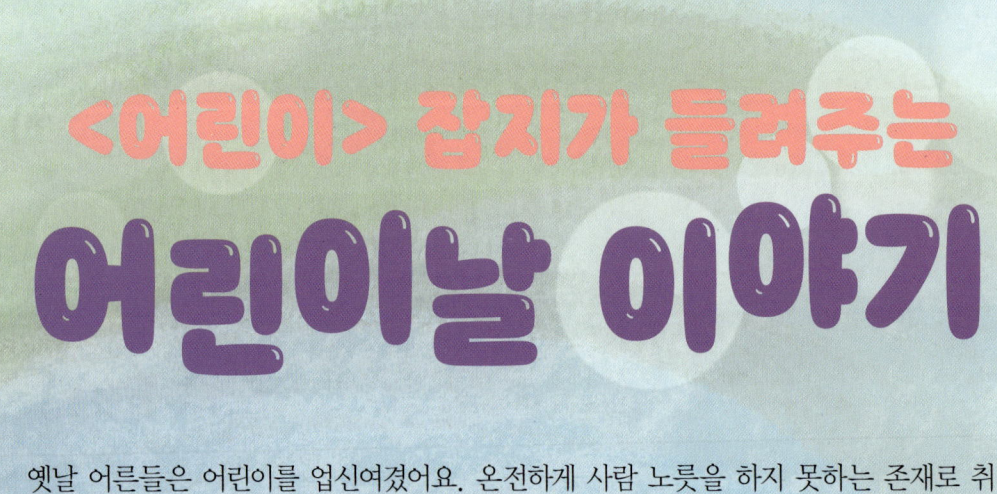

<어린이> 잡지가 들려주는
어린이날 이야기

옛날 어른들은 어린이를 업신여겼어요. 온전하게 사람 노릇을 하지 못하는 존재로 취급했지요. 아동 문학가 방정환은 이런 현실을 안타깝게 여겨 어린이 인권의 중요성을 알리고, 어린이를 소중한 존재로 여기는 마음이 널리 퍼지도록 어린이날을 만들었어요. 어린이만을 위한 잡지, <어린이>도 창간하였어요. <어린이> 잡지가 필요한 이유는 물론이고 어린이 인권이 왜 중요한지 알아봐요.

어린이날은 왜 만들었을까요?

옛날 사람들은 어린 사람은 아직 덜 자랐고, 무언가 부족하여서 배우거나 깨우쳐야 한다고 생각했지요. 어린이도 자기 스스로의 생각이 있고, 바라는 것이 있으며, 있는 그대로 존중받아야 한다는 생각을 미처 하지 않았어요. 자기가 낳은 자식이기 때문에 마치 물건처럼 마음대로 할 수 있다는 생각이 바탕에 깔려 있었지요. 그러니 자기 자식을 혼내느라 때리든 말든 남이 참견하기 어려웠어요.

게다가 어린이날을 처음 만들던 무렵, 우리는 일제에 나라를 빼앗긴 상태였습니다. 땅을 빼앗기고 권리를 빼앗기고 자유롭게 말할 힘조차 갖지 못했던 이 땅의 어른들도 숨이 막히긴 마찬가지였을 겁니다. 그렇게 억압받고 차별받던 어른들은 자신보다 더 작고 약하고 힘없는 존재인 어린이를 가엽게 여기기보다 윽박지르고 야단치기만 했어요.

방정환은 '어린이'라는 말, 그러니까 존중의 의미를 담은 말을 널리 퍼뜨렸어요. 1923년, 어린이를 위한 날인 어린이날을 정하고 여러 가지 어린이 인권 운동을 함으로써 희망을 싹틔웠지요. 1945년 광복 이후에는 지금처럼 5월 5일을 어린이날로 정했답니다. 어린이의 행복을 축복하는 모든 행사의 바탕에 깔린 정신은 바로, '어린이의 인권을 존중하자' '어린이야말로 소중하다'였습

니다.

알고 보면 어린이날은 선물 받고 맛난 거 먹고 신나게 놀기만 하는 날이 아니었던 거지요.

지금의 우리는 아무리 부모라도 어린이를 학대하는 것은 옳지 않다는 생각을 합니다. 또한 아무리 어리더라도 자기 의견을 말할 권리가 있으며, 어린이가 잘 몰라서 저지르는 실수는 어른이 자세하게 타일러 줘야 할 의무가 있다는 것도

어린이날 행사 준비 조직에서 1932년에 발행한 어린이날 포스터.

압니다. 이렇게 사람들의 생각과 시선이 바뀐 것은 어린이 인권의 중요성을 널리 알리고자 노력한 덕분입니다.

어린이날을 만든 방정환은 누구일까요?

방정환은 어릴 때부터 동네 아이들을 모아 놓고 선물 받은 환등기를 틀어 이야기 들려주기를 즐겨 했어요. 뜻이 맞는 친구들과 토론을 벌이기도 했지요. 1919년 3·1 운동이 일어났을 때는 '조선독립신문'을 집에서 등사판으로 만들어 배부하고, 독립 선언서를 돌리는 등 독립운동을 하다 옥살이도 하였지요.

1923년 5월 1일 색동회 창립 기념 사진. 앞줄 왼쪽부터 조재호, 고한승, 방정환, 진장섭. 뒷줄 왼쪽부터 정순철, 정병기, 윤극영, 손진태.

1921년부터는 본격적으로 동화 작가로 활동하며 소년 운동을 해 나갑니다. 안데르센, 오스카 와일드 등 세계 유명 작가들의 동화를 엮은 《세계명작동화집》을 번역하기도 하였으며, 1923년에는 잡지 〈어린이〉를 창간하며 어린이 인권을 높이기 위한 다양한 활동을 해 나갔어요.

1931년, 방정환은 33세라는 젊은 나이로 세상을 떠났어요. 그는 눈을 감는 순간에도 어린이를 걱정하며 "어린이를 두고 가니 잘 부탁하오"라는 유언으로 남길 정도로 일생을 어린이 인권 운동에 바쳤답니다.

만들수록 손해인 잡지를 왜 제작했을까요?

처음 〈어린이〉 잡지를 만들었을 때는 아무도 이 잡지를 읽으려 하지 않아서 무료로 나눠 준다는 광고를 냈다고 해요. 그런데도 찾는 사람이 없어서 창간호는 겨우 열여덟 부가 나갔다고 합니다.

그러다가 재미있다는 소문이 나서 〈어린이〉 잡지의 인기가 치솟았습니다. 전국 각지에서 〈어린이〉 잡지를 더 보내 달라는 편지가 잡지를 발행

1923년 발행한 〈어린이〉 잡지 창간호.

하는 개벽사 사무실로 날아들었대요. 그래서 방정환과 편집진은 똑같은 내용을 세 번이나 인쇄했다는 기록도 있습니다. 나중에는 십만 부를 찍어도 모자랐다고 하니, 처음 열여덟 부에 비하면 놀라운 일입니다.

이렇게 날개 돋친 듯 팔렸지만 잡지를 만든 개벽사는 팔면 팔수록 손해였습니다. 개벽사는 천도교라는 종교를 믿는 사람들이 겨레의 앞날을 위해 운영하는 곳이었습니다. 많은 돈을 들여서라도 민족을 교육하고 힘을 키우기 위해 애썼던 곳이지요.

〈어린이〉 잡지는 돈을 많이 벌기는커녕 오히려 팔면 팔수록 손해였다니, 왜 그랬을까요? 〈어린이〉 잡지의 가격은 한 권에 5전, 나중에는 10전을 올렸습니다. 하지만 이것도 잡지를 만드는 데 드는 종잇값, 잉크값, 인쇄값, 운반비 등을 따져 보면 모자라는 돈이었다고 합니다. 그러나 편집진은 "어린이에게 더 많은 그림과 사진을 보여 주고 싶어서 자꾸 욕심을 내다 보니 이렇게 되어 버렸다"라고 말했어요.

그것뿐이 아닙니다. 요즘 어린이의 눈으로 보자면 익숙하겠지만 그 당시에는 새롭고 멋진 부록을 주었답니다. 부록은 잡지를 사면 딸려 오는 놀잇감 같은 건데, 당시 어린이들은 처음 보는 신기하고 재미난 것들이었습니다.

그중 하나를 꼽아 보자면 지금의 어린이들이 좋아하는 보드게임과 똑같은 '조선 십삼도 고적 탐승 말판'!

이것은 우리 땅 곳

조선 십삼도 고적 탐승 말판.

곳을 알게 하는 놀이판입니다. 평양의 을밀대며 경주 불국사까지 전국 곳곳을 알게 하는 놀이였지요.

일제는 아예 학교에서 우리 말글과 역사, 지리를 가르치지 못하게 했습니다. 그런 상황에서 〈어린이〉 잡지는 부록을 통해 우리 땅 곳곳을 알리고 저절로 자랑스러운 마음, 소중히 지키고자 하는 마음이 생기도록 했지요.

그밖에 세계 지리를 알 수 있는 '세계 명승 말판' '어린이 대운동회 말판' '동물 말판' '세계 발명 말판'까지. 이런 말판 놀이는 크고 빳빳한 종이에 컬러 인쇄를 해 만들었습니다. 당연히 돈이 많이 들고 팔면 팔수록 손해 날 게 눈에 뻔했지요. 그럼에도 〈어린이〉 잡지를 더 많이 읽었으면 하는 마음에 도저히 가격을 올릴 수가 없었습니다.

세계 발명 말판.

검열과 삭제가 무엇인가요?

1927년 7월 발행한 〈어린이〉 잡지 방학 호.

〈어린이〉 잡지는 1923년부터 1935년까지 12년 동안, 총 122권이 만들어졌어요. 처음으로 펴내는 잡지를 창간호라고 하는데, 원래는 창간호를 3월 1일에 맞춰 내려고 했었대요. 그런데 조선 총독부가 어찌나 감시를 하는지 약속한 날짜를 넘겨 간신히 나올 수 있었습니다.

이렇게 책이나 신문에 실을 글 내용을 감시하고 간섭하는 것을 검열과 삭제라고 합니다. 검열은 인쇄하기 전부터 아예 검사하듯이 미리 내용을 살펴보고 조사하는 것입니다. 자기 생각을 자유롭게 쓸 수 없게 하는 것이지요. 삭제는 지워서 없애는 거예요. 일제의 눈에 거슬리는 내용에 '삭제'라는 붉은 도장을 찍고 책에서 빼 버리는 것입니다. 어떤 경우에는 책 한 쪽에 달하는 내용을 다 빼게 만들어서 텅텅 빈 하얀 면 그대로 출간되기도 했습니다.

그렇다면 일제의 눈에는 도대체 어떤 내용이 그렇게 못마땅했을까요? 예를 들자면 아주 많지

만, 그중 하나를 들자면 '사자같이 용맹스럽게 뛰어다니는, 그런 피 끓는 소년 소녀가 되기를'이라는 말입니다. 그저 어린이가 건강하게 자라길 바라는 당부지요. 하지만 일제는 독립 정신을

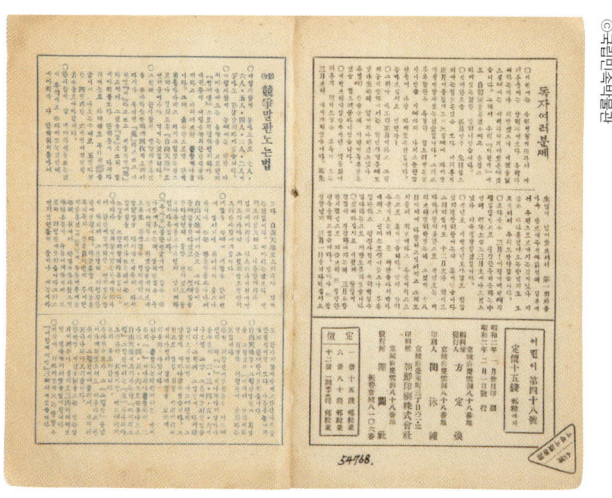

말판 놀이법이 소개된 〈어린이〉 잡지 본문 일부(1927년 2월 발행).

드높일 염려가 있다고 보았어요. 조선의 아이들은 그저 고분고분한 식민지 백성이 되어 자신들이 부려 먹기 쉬워야 할 텐데, 용감하고 씩씩한 소년 소녀로 성장하라고 부추기니까요.

방정환이 쓴 탐정 소설 〈삼태성〉은 연재되다가 중간에 이렇다 저렇다 말도 없이 뚝 끊겨 버리고 말았습니다. 아마도 탐정 소설의 내용이 일제의 눈 밖에 났기 때문일 것입니다. 한참 재미나게 읽으면서 다음 편을 기다리던 어린이 독자들은 얼마나 맥이 빠졌을까요?

또 다른 예는 5월 어린이날을 어떻게 보냈는지, 어린이날 특집호가 실린 특별 호에서 '어린이날 일기'라는 글을 통째로 삭제해 버린 일입니다. 일제는 대체 어린이날 일기가 어떤 내용이었길래 삭제했을까요? 지금으로서는 알 도리가 없습니다. 삭제라는 말은 내용을 없앤다는 뜻이니까요.

〈어린이〉 잡지를 만들던 사람, 그러니까 편집국 사람들이 끌려간 적도 여러 번입니다. 방정환도 서대문형무소에 갇혀 감옥살이를 했으니까요. 〈어린이〉 잡지는 처음부터 끝까지, 일제의 탄압에 맞서 숱한 어려움을 이겨 내야 했습니다.

1935년, 일본은 더 이상 〈어린이〉 잡지에 어떤 글을 쓰지도, 인쇄하지도 못 하게 만들었습니다. 〈어린이〉 잡지가 폐간된 것이지요. 당시 일제는 세계를 지배하려는 전쟁 준비에 눈이 벌겋게 달아올랐습니다. 학교에서는 아예 조선 말 교육을 멈추고 전쟁에 나갈 어린 군인을 키우는 수업만 했지요. 모든 교과서 제일 앞장에는 일제의 충성스러운 신하가 되기 위한 맹세를 실었어요. 전쟁에서 일제가 승리하는 내용이 아니면, 어떤 노래도 동화도 옛이야기도 어린이 곁에 갈 수가 없던 어두운 시절이었습니다.

어린이에게 <어린이> 잡지가 어떤 영향을 주었나요?

아무리 값을 싸게 매겨도 가난한 어린이에게는 잡지값이 부담되었습니다. 그래서 소년 소녀들은 돈을 모아 한두 권을 산 다음에 여럿이 모여 소리 내어 읽거나 돌려 읽은 뒤, 토론을 하기도 했어요. 한글을 모르는 아이는 <어린이> 잡지를 읽어 주는 친구 덕에 글을 깨치기도 했지요.

실제로 <어린이> 잡지의 독자 편지 코너를 보면 자기 동네 친구들이 모여 '소년회'를 만들고 <어린이> 잡지를 돌려 읽은 이야기를 편지로 자세히 써서 보내온 내용이 있어요. 독자 편지를 통해 지금처럼 교통과 통신이 발달하지 않던 시대에, 먼 곳의 또래 어린이가 어떤 활동을 하는지 알 수 있었습니다.

'소년회'는 어린이와 청소년이 모여 여러 가지 활동을 하는 모임이었어요. 마을 길을 청소하고 부서진 다리를 고치기도 했고요, 한글을 가르쳐 주거나 배우기도 했습니다. 또한 우리 민족이 처한 여러 가지 문제에 대해 토론회를 하기도 했고요.

예를 들어 흑룡강에 사는 어린이 독자가 <어린이> 잡지에 보내온 편지가 있습니다. 흑룡강은 먼먼 만주 지역이에요. 일제 강점기 때 많은 농민들이 땅을 빼앗기고 먹고 살기가 힘들어지자 만주로 떠났어요. 또 어떤 이들은 독립운동을 이어 나가기 위해 그 춥고 먼 곳으로 길을 떠나야 했지요. 만주 흑룡강의 독자는 자기들이 이 먼 곳에서도 〈어린이〉 잡지를 읽으며 고국을 생각한다고 말합니다. 만주는 손발이 얼어 터질 만큼 추운데, 어린이들은 힘든 농사일을 거들어야 했습니다. 그렇게 애써 농사지은 곡식도 말을 탄 도적 떼가 나타나 빼앗아 가기 일쑤였고요. 그러나 〈어린이〉 잡지가 도착하면 온 동네 친구들이 모여 재미나게 함께 읽고 동요를 부르며 희망을 잃지 않는다고 했어요.

끝순이가 불렀던 동요 '고향의 봄'은 이원수라는 아동문학가가 열다섯 살 때 〈어린이〉 잡지에 투고한 글로 만든 노래예요. 이원수는 〈어린이〉 잡지 독자로서 아동문학을 처음 만나고, 자신도 그런 이야기를 써내는 사람이 된 거예요. 덧붙이자면, 이원수, 윤석중 외에도 많은 아동문학가가 〈어린이〉 잡지의 독자였습니다.

〈어린이〉 잡지의 독자이자 소년회 회원이었던 많은 어린이 청소년이 훗날 독립운동을 이어 나가는 주역이 되었습니다. 빼앗긴 나라를 되찾기 위해 무기를 들고 일제에 맞서 싸운 독립군들은 '압록강 행진곡' 같은 군가뿐 아니라 '고향의 봄' '오빠 생각' '반달' 같은 동요도 즐겨 불렀다고 합니다. 소년회에서 동무들과 불렀던 노래가 두고두고 힘이 된 것입니다.

참고 문헌

《어린이1~10(영인본)》, 보성사, 1976.
《정본 방정환 전집(전 5권)》, 한국방정환재단 엮음, 창비, 2019.
《권리랑 포옹해-우리가 알고 지켜야할 유엔아동권리협약》, 김규정 글·그림, 보리, 2022.
《한국소년운동사》, 김정의, 민족문화사, 1992.
《근대의 경계를 넘은 사람들-조선후기, 여성해방과 어린이 존중의 근대화 이야기》, 김종욱, 도서출판모시는사람들, 2018.
《소파 방정환 평전》, 민윤식, 스타북스, 2014.
《어린이를 기다리는 동무에게》, 사단법인 방정환연구소, 이담북스, 2022.
《방정환과 어린이 해방 선언 이야기》, 이주영, 도서출판모시는사람들, 2021.
《어린이 문화 운동사》, 이주영, 보리, 2014.
《한국 근대 소년운동사》, 최명표, 선인, 2011.
「〈어린이세상〉에 나타난 소년회 활동과 의미」, 김경희, 〈근대서지〉 제16호, 2017.12.
「이원수 문학의 본질과 지향점」, 김윤정, 〈아동청소년문학연구〉 제23호, 2018.12.
「동화 속 인물의 현실과 해방 서사」, 김인숙, 〈푸른사상〉 제44호, 2023.06.
「조선아동문화 연구(1920~45)-어린이날의 발생, 소년소녀잡지 발간, 경성방송국의 어린이 시간을 중심으로」, 나까무라 오사무, 김영순, 〈아동청소년문학연구〉 제14호, 2014.06.
「방정환의 민족주의와 어린이 문학교육-일본의 영향을 중심으로」, 신정아, 〈동아인문학〉 제46호, 2019.03.
「어린이날 100주년 어린이 운동의 근본을 되새기는 방정환의 새 자료」, 염희경, 〈아동청소년문학연구〉 제30호, 2022.06.
「일제시기 어린이날 기념문화를 통해 본 어린이인권 인식-1920년대를 중심으로」, 이지원, 〈역사교육〉 제169호, 2021.12.
「《어린이》 지의 '어린이날 기념호 연구-어린이날 제정의 정신과 어린이 해방 사상 조명을 중심으로」, 장정희, 〈한국아동문학연구〉 제42호, 2022.
「어린이날 제정의 정신과 그 100년의 역사」, 장정희, 〈아동문학평론〉, 2022.
「방정환과 잡지 〈어린이〉」, 정용서, 〈근대서지〉 제8호, 2013.
「방정환이 꿈꾼 "모도가 다-가티 행복한 세상"」, 조은숙, 〈아동문학평론〉, 2015.
한국방정환재단 https://children365.or.kr/
사단법인 방정환연구소 http://www.bjhri.org/

* 단행본은 《》으로, 잡지, 학술지, 신문은 〈〉로, 논문은 「」로 표기하였습니다.

작가의 말

어린이가 행복하면 모두가 행복해요

혹시 미얀마를 아나요? 오랫동안 군인들이 자기 마음대로 정치를 해 왔고, 민족 간의 차별이나 갈등도 많은 나라예요. 미얀마 시민들은 민주주의를 이루기 위해 많은 어려움을 겪고 있어요. 저는 그곳에서 한국으로 온 사람들을 알아요. 더 나은 삶을 위해 가족과 떨어져 먼 나라까지 일하러 온 분들이지요. 그 사람들이 위험하고 힘든 일을 해서 받은 월급으로 한국에서 생활하고 나면 돈이 조금밖에 안 남아요. 물가가 비싸니까요. 그런데 그 돈에서 꼬박꼬박 얼마씩을 떼어 여럿이 모은대요. 고향의 가난한 어린이를 위해 도서관을 짓고 후원하기 위해서 말이에요. 저는 묻지 않을 수 없었어요.

"왜 하필 어린이를 위한 도서관인가요?"

그중 한 아저씨가 말했어요. 미얀마에는 동화책이 거의 없다고요. 오랜 세월 전쟁을 겪었고, 산골 부족 중에는 학교조차 못 가 본 어린이가 있대요. 물론 어떤 어린이들은 높은 빌딩이 늘어선 곳에서 깨끗한 옷을 입고 다니지만요.

"미얀마의 미래를 위해서는 어린이가 잘 자라야 해요. 나는 때로는 아빠처럼, 때로는 삼촌처럼 무언가 하고 싶어요. 그게 어른이 할 일이니까요."

저는 깜짝 놀랐어요. '100여 년 전 사람들과 똑같은 생각을 하네.' 하고요.

또 다른 이야기도 들었어요. 마을에 도서관이 생기자 처음에는 부모님들이 무척 반겼대요. 아이들이 읽고 쓰기를 배운다면 더 나은 삶을 살 수 있다는 희망이 생길 테니까요. 그런데 시간이 지나자 어떤 부모님들은 아이가 도서관에 가는 걸 싫어하더래요. 자꾸 '왜'라는 말을 쓰니까요.

'왜'라는 말이 왜 달갑지 않을까요? 미얀마는 국민 대부분이 불교를 믿어요. 스님을 존경하고 그 가르침대로 부모님과 웃어른을 잘 섬기지요. 어른의 말씀에 대해 의문을 갖거나 되물으면 버릇없다고 여겨요. 그런데 어린이들이 "왜?"라고 묻는대요. 어른들로서는 귀찮기도 하고 당황스럽기도 했던 거예요. 그런데 도서관 관장님은 부모님들의 불만을 듣고 속으로 웃었대요. 어린이들이 자꾸 왜라고 묻고 세상 이치에 궁금증을 갖는 건 좋은 일이라는 거죠.

방정환도 똑같은 말을 했어요.

"그네들의 할 일은 자꾸자꾸 묻는 것이외다. 부모나 형들은 꾸짖거나 무시하지 말고 자세하게 일러 주시오."

그네들이 누구겠어요? 바로 여러분, 새 세상의 주인공인 어린이지요!

어린이책을 써서 행복한
안미란

"어른이 뿌리라면 어린이는 싹입니다.
뿌리가 근본이라고 위에 올라앉아서
싹을 누르면 그 나무는 죽어 버립니다.
뿌리가 그 싹을 위해야 그 나무가 뻗쳐 나갈 것입니다.
어린이를 높게 대접해 주시오."